Antécédent & paradigme

Maëva Joy Chabbi

Antécédent & paradigme

Nouvelles

LE LYS BLEU
ÉDITIONS

ISBN : 979-10-377-6194-1

Antécédent

Qu'il y a-t-il de plus important dans la vie ? L'amour ? En principe… La famille ? Oui, bien sûr ! Se réaliser ? Je pense…

Beaucoup de choses semblent être importantes, pour déterminer ce qu'il est, dans la vie…

Important n'est pas à oublier… Important, j'espère ne jamais m'oublier…

Comment se fabrique le bonheur ? Puis-je, dois-je ?

Tellement de questions, si peu de réponses…

Je rêve de passion, mais cette dernière me consume, je rêve de l'attendre, mais personne ne se bouscule.

Que dois-je alors faire seule ? Cette solitude m'enlace, comme un amant fou à mes bras, je ne cesse de repousser ses avances et ses messes basses…

Je dois avancer seule.

Et pourtant, qui suis-je ? Folle ou raisonnée ? Bordélique ou ordonnée ? Délirante ou à pardonner ?

J'espère, mais est-ce suffisant ?

Je veux vivre, en accord avec mon temps !

J'ai lutté contre le vent, bravé les interdits ; j'ai remis en cause l'existence d'un dieu unique, norme occidentale, à laquelle le peuple se délecte avec plaisir… À contre sens, en dehors de la foule et du moule, j'ai découvert cet autre monde…

Une chose est sûre, le ciel est ouvert et la quête reste entière…

Dimanche 22 août 2010

La nuit a été courte, comme le témoigne l'amas de mégots dans le cendrier et la table basse de l'appartement. Soudain, le téléphone sonne. Cinq sonneries, puis une notification retentissent avant que le téléphone fasse à nouveau silence.

Le corps inanimé se réveille, attrape le téléphone en tâtonnant, et appelle son répondeur.

— Maye ! J'espère que tu es en chemin… Je suis à la librairie… Je compte descendre vers la Dar Lamifa.

Une fois de plus, Maye avait omis à ses obligations envers Fanni…

Fanni savait Maye légèrement désinvolte avec les responsabilités, ce qui ne l'empêchait pas d'être sa meilleure amie depuis presque dix ans. Elles s'étaient rencontrées en classe de seconde, à l'âge de quinze ans. À cette époque, Fanni traînait avec Alia ; une fille dont Maye avait cerné le jeu intéressé envers Fanni. Une amitié se construit… On apprend à rire en se livrant au jeu de la découverte. Maye avait pris Fanni sous son aile, le temps que cette dernière soit plus apte à cerner cette relation si futile. Elle s'est donc laissé aller à ce jeu qu'est la découverte, pour y trouver une oreille attentive, mais surtout une antidramaturge… Maye avait un sens de l'humour exquis en cas de situation difficile.

On pouvait reprocher à Maye, son sens décousu pour les responsabilités, sa maladresse, mais quand elle aimait, c'était pour la vie.

Le temps de passer sous la douche, de dompter ses cheveux, Maye se rend compte de son retard, signe que le cours de Yoga commencera sans son thé à la menthe.

Que serait Marseille sans l'appel du large, que serait-elle sans la gare Saint-Charles et le Palais Longchamp, le Panier et ses ruelles, le stade Vélodrome pour sa passion, Notre-Dame-de-la-Garde pour son panorama… Que serait Marseille sans la Place du Cours Julien… Rendez-vous incontournable pour les jeunes artistes en quête de sensations… Artiste du dimanche, comme elle se désigne elle-même, elle avait pris pour habitude de s'installer sur les Escaliers du Cours Julien, fredonnant quelques vocalises, sur la guitare d'un artiste venu en ville.

16 h 07

Après être passé devant la statue d'Homère, Maye s'engouffre sur le cours d'Aubagne, jusqu'à arriver devant la Dar Lamifa. C'était une association, promouvant différents projets artistiques et culturels. Très fréquenté par la jeunesse marseillaise, cette association proposait en plus des jam-sessions le vendredi, des cours de Yoga le dimanche…

Maye arrive essoufflée… Les portes de l'association sont closes… Elle regarde son téléphone, il était inscrit 16 h 07. Elle soupira une nouvelle fois de plus devant son incapacité à être à l'heure… Elle fait demi-tour, quand soudain les portes s'ouvrent…

Une femme de type occidentale, téléphone à l'oreille, stipulant à l'appareil, une rupture sentimentale, jugée utile, un peu plus tôt dans la journée. Elle semblait aussi chercher une cigarette dans son sac. Quelque peu étourdie, la jeune trentenaire fait tomber son paquet de cigarettes. Maye s'approcha de ce dernier, et lui rendit.

Parfois dans la vie, vous basculez… Comme démunis.

Il n'aura fallu que d'un moment…

« Vous avez fait tomber votre paquet… » dit Maye à la jeune trentenaire, encore au téléphone.

« Bon, écoute, je dois raccrocher ! » intervient la trentenaire avant de passer à l'acte.

Elle prit le paquet, sortit une cigarette, la mit en bouche, chercha son briquet dans le sac et y déposa son smartphone.

Maye appréciait le silence, il lui permettait de décoller dans son univers créatif. À vingt et un ans, métisse, issue d'une mère et d'un père, incapable de s'occuper de cet enfant unique, elle dut accepter ses racines et son arbre flottant. Elle n'avait jamais souffert de cette situation.

Mais à ce moment-là, précisément, que sa vie prit un tournant…

« J'en ai un, mais quelles poches… » dit Maye en cherchant dans sa poche droite.

« Moi aussi », dit la jeune trentenaire, en cherchant dans son sac.

Et les deux femmes se mirent à chercher leurs briquets respectifs…

Ce n'est qu'au bout de deux ou trois minutes, que la plus intelligente des deux retrouva son briquet…

À l'époque, en troisième année de soins infirmiers, et elle, en histoire des religions. Elle venait de terminer ses études en philosophie. Maye lui a confié avoir lu le début de l'Ancien Testament et avoir eu du mal à le continuer. Elle lui répondit que ce n'était pas le livre qu'elle préférait, c'est à ce moment qu'elle lui parla des Sumériens !

« Les Sumériens ont vécu au IIIe millénaire avant notre ère, en Irak. Ils ont inventé l'écriture et influencé grandement la bible, notamment à travers les récits babyloniens, qui sont leurs descendants directs !

Par exemple :

Les Sumériens pensaient que le soleil se levait au pays de Dilmun, qu'ils décrivaient comme leur paradis. Ils comprenaient toutefois qu'entre le ciel et la terre se trouvait quelque chose qui s'apparentait à notre définition de l'atmosphère, qu'ils nommaient lil (air, souffle, esprit).

Selon eux, le soleil, la lune, les planètes et les étoiles, bien que lumineux, étaient faits de cette matière.

Le monde des morts (Kur) était représenté comme une demi-sphère, qu'ils situaient sous la Terre. Ainsi, le monde entier (des vivants et des morts) était constitué d'une sphère complète ! Fascinant n'est-ce pas ?

Il est intéressant de noter que le dieu de l'air Enlil sera considéré vers le milieu du IIIe siècle avant notre ère, comme l'ancêtre de tous les dieux, détrônant ainsi la déesse Nammu. Plus tard, son frère Enki, aussi nommé Ea, deviendra le dieu El de la religion ougaritique, dont les Cananéens se sont inspirés… Cela donnera, bien plus tard, le “seul vrai dieu” El/Élohim de la Bible…

Si l'on compare le mythe de création sumérien avec celui de la Bible, on retrouve de nombreuses similitudes… Mais si tu retiens que les Babyloniens descendent des Sumériens, et la religion ougaritique, dont les Cananéens se sont inspirés, c'est déjà pas mal… »

Et puis elle lui sourit, a détourné son regard et s'est gratté la nuque…

Le lendemain, Maye s'est rendue dans une librairie. Elle ne voulait pas ébruiter ses recherches. Elle n'a pas proposé à Fanni de venir…

Ce jour-là, après avoir arpenté les rayons dans la librairie, elle est repartie avec un livre de Marìa Zambrano. Elle n'avait qu'une vague idée de ce qu'elle cherchait, mais c'est à ce moment qu'elle a ressenti l'envie de lire… Elle voulait mieux comprendre ; bien mieux comprendre, ce qui nous surplombe et nous entoure… en quête d'informations sur les origines du divin, elle remettait en cause le monothéisme comme réponse à sa spiritualité… Elle n'a pas de religion et n'en a jamais eu… Elle n'a pas de régime alimentaire particulier, ni même d'obligations spirituelles, à part celle de grandir et de respecter le cycle de la vie et son prochain… Elle était libre de découvrir les angles sous tous leurs aspects ; de parcourir des lieux rien que par la pensée… Libre de croire et de philosopher ; l'étendue du savoir permet de mieux s'engager !

Elle avait vingt et un ans, toute une liberté à conquérir et à comprendre… Le temps est une richesse que les plus savants ont réussi à rendre lisible, au fil de leurs abnégations… Je les remercie.

Les Sumériens ont appris à diviser le temps en secondes et en minutes ; ils ont favorisé la culture et les arts, dessiné les premières routes commerciales. Ils ont écrit l'histoire de l'humanité à ses balbutiements, leurs récits ont influencé nos mythes créateurs…

Cette civilisation s'est éteinte il y a quatre mille ans en Mésopotamie, mais continue d'influencer grandement la civilisation occidentale dans sa conception du divin…

Traversé par le Tigre et l'Euphrate, Sumer développe son agriculture !

Ourouk, Erek dans la Bible, aujourd'hui Warka, l'une des plus prestigieuses cités-États, a engendré la légende épique du roi Gilgamesh. Elle est aussi à l'origine de la première écriture de l'histoire humaine. Il s'agit de signes gravés avec la pointe d'un roseau sur des tablettes d'argiles humides, qui sont ensuite séchées au soleil ou cuites au four. L'écriture est qualifiée de cunéiforme…

Au IIe millénaire, sur les bords de l'Euphrate, se développe la cité d'Our. Ce serait de cette cité que serait originaire Abraham, à l'origine du peuple hébreu…

La civilisation sumérienne se détériore à cause de la guerre à l'intérieur des cités-États. Les rivalités vont causer leur chute… Plus tard, ces cités vont laisser place à une cité de Mésopotamie centrale, promise à la plus glorieuse des destinées : Babylone, vers 2000 avant J.-C., qui signifie « Porte des Dieux » en akkadien (ou chaldéen).

La langue de Babylone, transcrite en caractère cunéiforme, deviendra la langue internationale ; d'où le mythe d'une langue unique à l'origine de l'humanité, présent dans la Bible à propos de l'histoire de la tour de Babel…

Maye était fascinée de croire qu'il pouvait exister plusieurs intervenants à la création de la vie… En l'espace de quelques semaines, elle avait voyagé à travers le temps… Elle n'imaginait pas à quel point l'histoire pouvait être compliquée… Elle s'était aventurée sur un chemin délicat ; d'abord de sens : remettre en question le fondement même de la spiritualité.

Il lui tardait de la revoir… Mais elle n'est jamais revenue au cours de Yoga…

Maye a arrêté de poursuivre les cours, trop onéreux pour l'étudiante qu'elle était.

Elle avait obtenu sa licence et son diplôme d'état en soins infirmiers.

Maye semblait mener une existence tranquille, jusqu'au jour où elle découvrit que ce n'était que la première étape de son initiation…

Paradigme

Après l'avoir rencontré, j'ai découvert cet esprit critique et spontané, j'ai compris toute la difficulté à justifier une entente à plusieurs protagonistes…

Et puis j'ai essayé la philosophie…

La philosophie n'a pas toujours dit la même chose, mais traite toujours de la même chose :

- De la réalité et de la connaissance que nous pouvons en avoir ;
- Du sens de notre existence et de la manière dont nous pouvons la conduire.

La matière et l'esprit

L'univers est si vaste, est-il composé d'un principe abstrait et infini comme le pense Anaximandre ; ou bien, d'atomes, minuscules particules indivisibles, comme Démocrite… À la fois fait de matière et de vide, Épicure adopte le point de vue de Démocrite…

Dans cette énergie volatile, dans cet espace-temps, que suis-je ?

D'après Démocrite, même l'âme humaine est un objet physique particulier. Lorsqu'une personne meurt, ces atomes s'envolent dans toutes les directions et peuvent devenir les éléments pour une nouvelle âme…

Je ne me souviens pas du voyage jusqu'à ici, ma crainte est un retour là où je suis...

Descartes pense que le corps humain appartient au monde physique, mais que l'esprit appartient au monde immatériel ou spirituel. L'esprit n'est pas soumis aux mêmes lois physiques que le corps. Bien que les deux soient composés de substances différentes ; Descartes pense que l'esprit est capable de communiquer avec le corps par l'intermédiaire d'un organe appelé « glande pinéale ».

De Socrate (« Connais-toi toi-même ») à Kant, les philosophes accordent à la conscience une place centrale. On admet généralement que la conscience est le propre de l'être humain, au même titre que la raison. La conscience est constituée de notre dignité mais aussi de notre douleur... « Savoir avec » ; par la conscience, une représentation du monde m'accompagne.

La perception, « je suis un être sensible »

J'accorde beaucoup d'importance à l'exaltation des sens ; la créativité me pousse à expérimenter. Je manque encore d'esprit critique, mais la raison m'accorde d'être passionnée…

Platon pensait que l'âme immortelle de l'homme réside dans le monde des « formes » : version parfaite de chaque chose, avant de naître dans ce monde imparfait. Elle ne conserve qu'un souvenir flou de ces formes, et notre expérience sensorielle de toutes les copies imparfaites des formes de ce monde, nous rappelle les formes elles-mêmes…

Pour Aristote, rien ne peut exister dans la conscience qui n'ait d'abord été perçue par nos sens. Il était empiriste dans la mesure où il pensait que notre connaissance du monde se construirait à partir de nos expériences sensorielles. Contrairement à Locke et à Hume, il insistait sur le fait que les formes essentielles du monde extérieur font partie de la nature éternelle. Il pensait que les idées de l'esprit étaient le miroir exact des formes essentielles et immuables du monde extérieur…

Locke, aussi empiriste, pensait que l'expérience sensorielle est à la base de toute connaissance. Même s'il soutenait que nos idées viennent de nos sens, il pensait que l'esprit était capable de manipuler ces idées, de les relier, pour former des idées complexes, afin de nous aider à faire une image du monde.

Pour Berkeley, tout ce qui existe, n'existe qu'en tant que perçu par un sujet percevant. De son point de vue empirique, il pensait que nos sens nous disent ce qu'est le monde, mais que la réalité de ce monde n'est que spirituelle. Il croyait que seuls existent, les idées et l'esprit, et que les choses ne sont rien d'autre que les représentations que nous en avons.

Kant pensait que nos sens ne pouvaient pas nous dire à quoi ressemble le monde. Selon lui, c'est la raison qui façonne nos expériences sensorielles et nous ne pouvons pas savoir ce qu'est le monde en soi, mais seulement comment il nous apparaît…

L’art, « comme raison »

L’essentiel dans l’art, c’est qu’il parachève l’existence, c’est qu’il est générateur de perfection et de plénitude. L’art est par essence affirmation, bénédiction, divinisation de l’existence.

Nietzsche, *La Volonté de Puissance*

L’œuvre d’art est une forme plus complète peut être, humainement plus profonde, que l’expression verbale ; elle appelle de la part du spectateur, un engagement dans l’ordre du sentiment…

Si la métaphysique s'intéresse principalement au phénomène de la création, ou il lui est donné mesurer et d'analyser les pouvoirs de l'homme ; l'esthétique se présente, surtout depuis Kant, comme une théorie de la perception, c'est-à-dire, du jugement de goût ou du sentiment du plaisir.

Certains défendent une conception élitiste de l'art, comme activité requérant une culture et une maîtrise des codes spécifiques pour le comprendre ou le produire ; d'autres comme universelle. Depuis Kant, une conception universaliste de l'art…

La philosophie ne sait pas ce qu'est l'art. Elle se préoccupe plutôt de la fonction de l'art. La branche s'occupant du beau est la philosophie de l'art. Dans l'Antiquité, l'art visait à exprimer la Beauté. Platon s'en méfiait néanmoins car l'activité artistique imitait le réel et constituait, en ceci une illusion. Kant, lui, a cherché à fonder l'objectivité de l'art (« est beau ce qui plaît universellement sans concept »). Autrement dit, la fonction de l'art était d'idéaliser le réel. Les philosophes modernes, notamment grâce à l'esthétique de Hegel, ont dissocié l'art du beau, en lui attribuant une fonction de miroir du monde. L'art ne doit pas être beau, mais authentique.

La liberté, « un arbre flottant »

Le nom que je porte est celui d'un inconnu...

Celle que j'appelle « Maman », *aurait dû être une inconnue...*

Je m'efforce d'être libre, comme sauvée du pire...

Héritière de l'absurde...

Kant pensait qu'en tant que participant au monde sensible, nous sommes assujettis à des lois de cause à effet, et que nous ne sommes pas libres. Cependant, en tant qu'êtres moraux nous appartenons aussi au monde intelligible des choses en soi, ou nous sommes libres.

Cette liberté ne peut être démontrée et il nous est impossible de connaître ce fameux monde intelligible.

Sartre insistait sur le fait que nous sommes tous libres de faire nos propres choix dans la vie. Il condamne toute tentative qui nuirait à notre liberté de décision.

Le devoir,
« pour un esprit tranquille... »

Kant pense que nous avons tous accès à la même loi morale, qu'il appelle « impératif catégorique ».

Selon lui, chacun doit agir comme il aimerait qu'autrui agisse s'il se trouvait dans la même situation.

Heidegger décrit l'homme comme ayant été « jeté » dans le monde ou il doit ensuite faire face aux problèmes de « l'être ». Pour lui, il n'y a aucun sens en dehors de nous qui puisse nous aider à accepter notre existence. C'est la prise de conscience de cette situation qui provoque la peur. C'est à chacun de trouver une façon d'être pour résoudre ce problème.

Fortement influencé par Heidegger, Sartre pensait que même si la vie est absurde, l'homme est néanmoins libre et nous devons prendre conscience de cette situation. À chacun de décider pour lui comment mener sa vie. Mais il incombe à chacun d'assumer l'entière responsabilité de ses actes.

Imprévisible et spirituelle, mais quel plaisir la vie est belle...

Lire toutes ces pages suffiront-elles, à n'retenir que l'essentiel...

Le bonheur, « finalité ultime ! »

Le bonheur est un état de satisfaction complète, caractérisé par sa stabilité et sa durabilité. Il n'est pas un passage passager de plaisir, de joie, mais représente un état d'équilibre… Subjectif, idéal de l'imagination selon Kant, il peut exister un désaccord profond entre les hommes sur ce qui fait le bonheur, comme le souligne Spinoza…

Le premier philosophe qui en a parlé est Épicure. Il définit le bonheur comme le but de la vie, sa finalité ultime…

Les morales antiques sur le bonheur, appelle à la vertu des hommes, des conseils de prudence… Beaucoup de choses ne dépendent pas de nous, même si l'on ne maîtrise pas le cours du temps, il n'est pas impossible d'être heureux… Selon les stoïciens, notre pensée et nos jugements restent en notre pouvoir…

Soyons optimistes !

Imprimé en Allemagne
Achevé d'imprimer en mai 2022
Dépôt légal : mai 2022

Pour

Le Lys Bleu Éditions
40, rue du Louvre
75001 Paris

LE LYS BLEU
ÉDITIONS

www.ingramcontent.com/pod-product-compliance
Lightning Source LLC
LaVergne TN
LVHW020528160826
845677LV00015B/3970
9791037761941